VOYAGE

DANS LES

ESPACES.

A LONDRES.

1758.

A

MADAME

LA MARQUISE DE G***

Madame,

E<small>N</small> vous dédiant ce petit
Ouvrage, je ne réfiſterois pas
à l'envie de parler de la juſteſſe
& du brillant de votre eſprit, de

la délicatesse de votre goût, des charmes de toute votre Personne, & des graces si constamment attachées à ce que vous faites, & à ce que vous dites, si je ne craignois qu'un frontispice trop beau, ne le fît paroître encore plus mince, & trop peu digne de vous être offert.

J'ai l'honneur d'être avec respect,

MADAME,

Votre très-humble & très-obéissant serviteur.

PREFACE.

IL n'eſt rien de plus difficile à faire qu'une Préface, cependant chaque brochure nouvelle eſt chargée de la ſienne. Je ne me diſpenſerai donc pas d'une Loi auſſi inviolablement obſervée ; mais je n'en fais pas le fin, je ne ſuis pas médiocrement embarraſſé. Car enfin que le Lecteur équitable ſe mette à ma place : dirai-je qu'on m'a enlevé mon Manuſcrit ? Cela n'eſt pas plus vrai de moi que de tant d'autres qui l'ont dit. Chanterai-je la gloire de ma modeſtie & la défenſe honorable qu'elle a faite avant de ſe rendre? La modeſtie des Auteurs n'eſt pas en fort bonne odeur, & le public depuis long-tems n'eſt plus dupe ſur cet article. Et quand cela ſeroit vrai, quel bien ou quel plaifir lui en reviendroit-il? Irai-je lui conter pour faire excu-fer mes fautes que c'eft l'ouvrage de trois jours? *Le tems ne fait rien à l'affaire* * : & qui l'empêchera de penfer que c'eft un tour dont ma vanité fe fert, pour vanter in-directement ma facilité. Expli-querai-je le plan, l'ordre & la diftribution des chapitres? Si on me lit on le verra. Ferai-je l'élo-ge de mon fujet, ce pourroit bien être le trait d'un mal avifé, & il pourroit bien difpofer à ce qu'on le trouvât plus mauvais. Et ce-pendant de qu'elle autre chofe font pleines toutes les Préfaces? Mais il me vient tout-à-coup une idée : fi celle-ci reffemble aux autres, c'en eft donc une. *J'ai fait de la profe, fans le fçavoir.*

* *Mifantrope. Act.* 1. *fect.* 11.

VOYAGE
DANS LES ESPACES.

CHAPITRE PREMIER.

LE quinze du mois.... dernier, je fus attaqué d'une ſi violente apoplexie que je reſtai près de vingt-quatre heures ſans connoiſſance. Qu'on demande à quelqu'un qui ſe ſoit trouvé dans un pareil état, ce que faiſoit pour lors ſon ame, il répondra qu'elle étoit dans les eſpaces. C'eſt-là préciſément que fut la mienne.

Voici qui eſt intéreſſant, dira d'abord tout Phyſicien, un voyage dans ce Pays-là eſt l'unique moyen de décider la queſtion du vuide & du plein, mais je le préviens ; il ſera trompé dans ſon atten-

A

ré ; je ne puis lui donner là-deſſus le
moindre éclairciſſement, il ne me vint
pas ſeulement l'idée d'en prendre ; il n'y
auroit je crois pas plus penſé que moi,
s'il ſe fut trouvé tout-à-coup dans ces
vaſtes & effroyables ſolitudes. J'y errois
à-peu-près comme une plume legère,
livrée au caprice du ſouffle qui l'agite ;
je ne ſçavois ſi je montois ou ſi je deſ-
cendois, ni ou j'allois, ni quand je ceſ-
ſois d'aller, & j'étois en proie à l'in-
quiétude la plus amère, lorſqu'après
quelques heures d'une ſituation auſſi
cruelle, je reconnus une Région habi-
tée, & vis devant moi un portail ſuper-
be, ſur lequel étoit écrit en grandes let-
tres d'or, Hôtel des Auteurs
François.

Je fus tout réjoüi à cette vûe : l'avan-
ture s'eſt dénouée bien heureuſement,
me dis-je à moi-même, je vais voir
bonne compagnie. J'entrai hardiment &
perſonne ne m'arrêta ; je traverſai plu-
ſieurs grandes cours & j'arrivai enfin à
un veſtibule immenſe.

CHAPITRE SECOND

Le Vestibule.

IL étoit plein d'un nombre prodigieux de laquais. Dès qu'ils me virent paroître, ils se levèrent promptement & mirent leur chapeau bas. Ah ! me dis-je, il y a de l'ordre dans ce monde, & ils ne sont pas si souples chez les Seigneurs de l'autre. A qui êtes-vous, demandai-je d'un ton assuré à un de ceux qui se trouva le plus près de moi & qui me parut avoir la meilleure façon ? A peine lui eus-je fait cette question, que j'apperçus le nom de * * * imprimé sur son front : je le vois, ajoutai-je, vous êtes à M. * * *, donnez-m'en des nouvelles. Je suis si bien à M. * * *, me répondit-il, que je suis M. * * * lui-même. Il remarqua l'étonnement que me causoit sa réponse : tel est l'arrêt irrévocable que je subis, reprit-il tout de suite ; je suis condamné à servir ici, ceux à qui je me croyois, tout au moins, égal là-haut. Qui que vous soyez, mort ou vivant, car vous n'avez

A 2

la mine ni de l'un, ni de l'autre ; écou-
tez ce que je vais vous apprendre, & si
vous n'êtes ici qu'en entrepôt, comme
je le soupçonne, ne manquez pas d'en
faire part aux Auteurs vivans.

Chacun pese ici ce qu'il vaut, pas da-
vantage : la brigue & la faveur ne sçau-
roient mettre un grain de plus dans une
balance qui est tenue par la Justice la
plus sévère. Tout cela est conforme à la
croyance commune & n'a rien de nouveau pour vous, mais ceci le sera. Ceux
dont les ouvrages doivent passer à l'im-
mortalité, en reçoivent la récompense
dans ce Palais, bâti des mains même de
la gloire, & duquel c'est ici le vestibule. Ils y sont enyvrés de plaisirs & d'hon-
neurs. Les Bossuets, les Fénelons, les
Molieres, les Corneilles, les Racines,
les Despréaux, les Rousseaux, les Mon-
tesquieux, les Fontenelles, &c. en sont
les heureux possesseurs ; pour nous,
nous sommes à leurs ordres, ce nombre
confus de gens bigarrés que vous voyez,
fait partie de leur maison, & leur bon-
heur est si solidement établi, que leur
train s'accroît tous les jours. A mesure
que les Auteurs arrivent, ils sont jugés,
& la plûpart s'arrêtent ici, malheureu-

fement pour nous ; la foule augmente
rellement , que bientôt , hélas ! nous ne
pourrons plus y être contenus , & que
nous y ferons à la preffe , en punition
d'y avoir mis nos ouvrages.

Cet appartement eft bien vafte , lui
dis-je , & ce que vous craignez ne me
paroit guère vraifemblable , n'allez donc
pas vous faire un fupplice d'une chofe
qui n'arrivera jamais ; au contraire ,
ajoûtai-je , pour calmer le chagrin qui
éclatoit dans toute fa perfonne , les nouveaux venus vous amuferont par les
nouvelles dont ils vous feront part.

Ah ! reprit-il amérement , comment
me perfuaderiez-vous une chofe dont
l'expérience me montre tous les jours
le contraire. Il faut que la demangaifon
d'écrire foit devenue épydémique : les
Auteurs ne viennent plus un à un & de
tems en tems , comme autrefois , ils
defcendent en troupe , & s'ils étoient
amufans , les verrions-nous dans ce lieu ?
Jettez les yeux fur tout ce monde ,
voyez le filence qui y règne & l'ennui
qui le confume : C'eft la réparation de
celui que nos ouvrages ont caufé. Nous
autres du fiècle paffé difons par fois quelque chofe , mais on ne peut arracher un

A 3

mot à tous ces nouveaux débarqués, ils font de plus que nous, condamnés à un baillement perpétuel. Examinez-en la troupe languiſſante & ſoporifique : je les fixai en effet & ils me parurent ſi prodigieuſement ennuyés, que malgré la curioſité que tout cela excitoit en moi, je ne pus m'empêcher de bailler par ſympathie.

Après quelques efforts réïtérés que je fis, pour me défendre du ſommeil contagieux qui alloit s'enſuivre ; je repris la converſation ainſi : expliquez-moi, je vous en prie, ſi vous ſervez en commun les mêmes Maître, & dans ce cas, pourquoi cette différence de livrées ? Le Palais eſt commun, il y a des appartemens communs ; mais outre cela, chaque Maître a ſa maiſon particulière. Pourquoi donc appartenez-vous à l'un plutôt qu'à l'autre ? Quel ordre obſerve-t-on à cet égard ? Cet ordre eſt tout ſimple, reprit-il, les mauvais comiques ſervent Moliere, les tragiques, Corneille ou Racine, ainſi du reſte ; en qualité de mauvais Poëte, je ſuis à M. Deſpréaux.

Dans cet inſtant on ouvrit une porte des appartemens intérieurs, & l'on don-

ha une commission à mon homme qui
me quitta.

L'air humble & bas que je remarquai
à tous ces Auteurs laquais, me donna
l'effronterie de les fixer en face & de
les considérer en détail ; il n'étoit pas
naturel que je me sentisse là plus de respect pour leurs personnes , que je n'en
avois pour leurs ouvrages , la première
découverte que je fis , fut qu'ils étoient
tous étiquetés au front comme des livres,
avec le titre de leurs œuvres , qui leur
avoit mérité cette condamnation ; &
que de noms & de titres inconnus ne
lus-je point ! la variété de toutes leurs
couleurs , m'en avoit d'abord imposé ;
mais dans la revûe que j'en fis , que je
les trouvai maussades ! A travers les
galons & les dorures dont plusieurs
étoient décorés , je vis dessous la
poudre & les vers qui les rongeoient.
Ah ! malheureux , dis-je , vous essuyez
donc ici le même sort que vos œuvres
là-haut. Que ne puis-je vous montrer à
quelques Auteurs de ma connoissance.
Voyez leur dirois-je , & tremblez. *
Les uns étoient affaissés sous le poids

* Discite justitiam monitis.

de leurs corps, tandis que d'autres maigres & décharnés fembloient ne pas pe-
fer fur leur baze. Ces gens-là, me di-
fois-je, ne font fûrement pas nourris à
la même table : mais tout cela n'est pas
fans caufe, inftruifons - nous de tout.
Je cherchai long-tems avant de trouver
quelqu'un de connu. Je rencontrai enfin
Pradon & ce fut à lui à qui je m'adref-
fai.

Puifque vos tragédies ne vous ont pas
rendu maître ici, vous devez, lui dis-
je, être vraifemblablement à M. Racine.
Vous ne vous trompez pas, me dit-il :
je vous vois ici bien des camarades, &
s'il faut en juger par le nombre des tragédies nouvelles, votre maître va deve-
nir un des plus grands Seigneurs des
Enfers. N'y a-t-il point de jaloufie entre Corneille & lui, ou pour éviter tout
difcord, y auroit-il quelque réglement
entr'eux ?

Les Auteurs, me répondit il, portent
leur deftination en entrant ici. La force
& le fublime, font principalement le
caractère de Corneille ; ceux qui portent fa livrée, font ceux qui ayant vou-
lu l'imiter, s'y font pris comme la gre-
nouille auprès du bœuf. En voilà la

bande boursouflée. Je me tournai du côté où il me les montroit, & ils me semblérent tous bouffis & enflés. Rien n'est si doux, continua-t-il, si tendre, si élégant que mon maître ; l'air fade de ces gens risqueroit de vous donner au cœur si vous vous en approchiez de trop près : & déja il me faisoit éprouver qu'il disoit vrai.

Qui sont, Monsieur, ces pauvres gens si décharnés ? Ce sont, me dit-il, des Auteurs dont les ouvrages sont aussi secs & aussi maigres qu'eux. Et ceux-ci au contraire qui sont si bien nourris & si prodigieusement grands & gros ? Ce sont des *in-folio*, chargés de beaucoup de matière & de peu d'esprit. Un Régiment de soldats de cette taille, me disje tout bas, vaudroit, tout au moins, le gain de la première bataille, comme les éléphans à Pyrhus.

Vous me trouverez bien interrogatif, continuai-je ; mais de grace expliquez-moi, si vous mangez, avec quoi on vous nourrit & qui fournit à cette dépense ? A ces mots il prit un air austère, & je vis dans ses yeux un feu qu'il n'a sûrement que dans ses ouvrages. Si nous avons jamais fait quelque chose de bon,

A 5

dit-il, il nous vient à la bouche, nous
le mâchons, le ruminons & en expri-
mons tout le fuc ; c'eſt-là toute notre
nourriture : les alimens de la plûpart
qui font ici, ſe réduiſent pour la ſuite
des fiécles, à quelque douzaine de vers,
ou a quelques lambeaux de phraſe, qui,
à force d'être mâchés & remâchés, n'ont
preſque plus pour nous aucune ſaveur,
& nous donnent un dégoût affreux ; auſſi
ſommes-nous dévorés de la faim la plus
cruelle. Exhortez, Monſieur, les Auteurs vivans, de notre part, à la ſouf-
frir avec patience ; repréſentez-leur for-
tement qu'il vaut bien mieux pour eux
qu'ils l'endurent là-haut pendant leur
vie, ſans écrire, que de venir l'endurer
ici à jamais, pour avoir écrit.

Tout ce que je voyois & ce que je
venois d'apprendre, m'inſpiroit une
telle horreur & un tel ennui, que je
commençois de partager les tourmens
de ces miſérables. Ne pourrois-je point,
lui dis-je, entrer dans les appartemens :
vous êtes bien le maître, me dit il, & il
m'en ouvrit tout de ſuite la porte.

CHAPITRE III.

L'Anti-Chambre.

QUE je me sentis soulagé ! les jours
en étoient bien différens. Je crus sortir
de prison, en sortant de cet ennuyeux
& ennuyé Vestibule. Mais sur tout quel
contraste dans les physionomies de ceux
que j'y trouvai ! les autres plates, gros-
sières & manquées, inspiroient le dégoût
& le mépris ; celles-ci, gracieuses, dou-
ces & régulières, s'attiroient d'abord
l'estime & l'amitié. La politesse de leurs
écrits étoit aussi dans leurs manières. Je
ne tardai pas à l'éprouver. A quoi peut-
on vous être utile, me dit l'un d'entre
eux, d'un air prévenant, voulez-vous
voir nos Maîtres ? Comment vos Maîtres, répondis-je tout ému, est-ce que
vous êtes faits pour servir quelqu'un ?
Et nos grands Auteurs François se-
roient-ils ici subalternes & au service
de ceux de quelque autre nation ? Non,
Monsieur, me repliqua M. de la Motte :
car il étoit étiqueté comme on l'étoit
au Vestibule, & je le connus là, si je

ne l'avois déja reconnu à fa politeffe. Nos
Maîtres ne le cédent à perfonne, leurs
ouvrages feront immortels comme eux,
& feront conftamment les délices des
races futures : il n'en eft pas ainfi des
nôtres : ces fleurs qui ne fe fanent jamais
y font trop clair femées, elles feront
étouffées par les épines plus nombreufes
qui y font, & entraînées dans la nuit
des fiècles. Ces couronnes que j'ai fi
fouvent remportées & que j'imaginois
devoir toujours refter vertes, fe font
féchées devant celles de Rouffeau. J'ad-
mire dans ces régions, où l'amour-pro-
pre ne nous offufque plus, les accens
harmonieux de fa lyre que je mettois
au-deffous de la mienne : j'étois là-haut
fon rival, je remplis ici le premier em-
ploi de fa chambre. Heureux encore de
n'avoir pas été adjugé pour mes fables
à la Fontaine, chez qui l'on ne m'auroit
pas fait un fort fi doux. *

Pendant qu'il me parloit ainfi, je par-
courois avec des yeux avides toute fa
perfonne, & rien ne m'y paroiffoit bien
naturel. Ses geftes étoient affectés & fa

---

* L'on ne parle ici ni des tragédies, ni de
la profe de M. de la Motte.

parure comparable à celle d'une jeûne coquette, l'art y éclatoit par-tout & sans ménagement : Ah! me dis-je tout bas, seroit-ce la punition de celui qu'il a mis dans ses vers ? & les défauts de l'ouvrage passeroient-ils par une espèce de métempsycose, dans les attitudes, les ajustemens & la figure de l'Auteur ? La curiosité de voir si cette idée avoit en effet quelque réalité, devint trop forte pour y résister. Je les examinai, mais à la dérobée, dans la crainte de passer pour impoli ou de leur faire de la peine s'ils s'en appercevoient. Balzac étoit magnifique, mais son écharpe étoit trop ample, ses canons trop vastes, son collet trop empesé. Voiture étoit mince & fluet, & ne marchoit que sur la pointe des pieds. Segrais tantôt embouchoit la trompette & tantôt le chalumeau ; mais le souffle lui manquoit pour l'une & il faisoit de faux tons sur l'autre. Pavillon tenoit une posture agréable & naturelle, mais sans noblesse. Pelisson avoit beaucoup de douceur & sembloit convalescent. Tout étoit compassé & symétrisé dans Bouhours. Du Cerceau avec un grand air de vivacité & de gayeté, avoit peine à se soutenir fur fes jambes ; fa ceinture étoit liée avec grace, mais fa robe étoit lâche & découfue. Campiſtron étoit pâle & débile. Chapelle & la Fare, fort négligés, mais fort gracieux, étoient nonchalemment aſſis fur un fopha, &c....

Pendant que mes yeux faiſoient cette échapée, j'avois ceſſé de faire attention à ce que me diſoit M. de la Motte & il s'étoit arrêté : je revins à lui. Ah ! Monſieur, lui dis-je tout confus, ce que je vois eſt ſi nouveau pour moi, que ma diſtraction eſt bien pardonnable. Veuillez, je vous en conjure, reprendre le fil de votre diſcours. Il continua ainſi de la façon du monde la plus polie.

Par ce que vous avez vû au Veſtibule, vous pouvez juger de ce qui ſe paſſe ici, la différence n'eſt que du plus au moins. Nos alimens font les mêmes, mais nous faiſons, ajoûta-t-il d'un ton ironique, un peu meilleure chere & changeons un peu plus fouvent de mets. L'ennui nous gagne quelquefois à la vérité, mais bientôt quelque heureuſe faillie nous fecoue & nous réveille. La foule ici n'eſt pas ſi grande & nous n'avons pas la perſpective affreuſe d'être un jour écraſés les uns contre les autres.

Nous aprochons de près nos Maîtres ; qui font pleins de bonté & d'égards pour nous : nos emplois auprès d'eux ont mille agrémens & milles charmes, en les fervant dans leurs plaifirs, nous les partageons en quelque façon avec eux ; c'en eft toujours un bien réel que celui de les entendre.

Je le remerciai, le mieux qu'il me fut poffible, de ce qu'il venoit de m'apprendre. Mettez le comble à vos bontés, lui dis-je, permettez-moi de parcourir vos appartemens ? les complimens font abolis ici, fans doute ; laiffez-moi donc fans façon faire cette vifite tout feul, je n'en verrai que mieux, parce que je ne ferai point preffé par la crainte d'abufer de votre complaifance. Comme il vous plaira, reprit-il, je ne veux pas vous gêner.

Je profitai fur le champ de la permiffion qu'il me donnoit, & j'employai une heure ou deux à vifiter fort en détail plufieurs enfilades de chambres. Ce que j'en dirai, c'eft qu'elles préfentoient un coup-d'œil agréable, mais que d'ailleurs elles étoient toutes diffemblables, l'une avoit trop de jour, & l'autre étoit un peu obfcure. Dans celle-ci il

y avoit tant d'ordre & de fymétrie ;
qu'on voyoit tout, d'un coup-d'œil, &
dans celle-là il falloit une attention ex-
trême, pour démêler la confufion. Ici
les tables, la cheminée, les encoignu-
res étoient furchargées d'ornemens &
de colifichets : & là, des mûrs folides
& régulièrement bâtis, étoient trop
nus. Ici le clinquant jettoit de fauffes
lueurs ; & là, l'or éclatoit tant foit peu
à travers la pouffière qui l'éclipfoit. Ici
les meubles à force d'être fins, n'avoient
aucune confiftence ; & là un peu trop
forts, ils approchoient du groffier. Dans
toutes l'on trouvoit du bon & du beau,
mais ils n'étoient nulle part, purs &
fans beaucoup d'alliage.

Je fortis cependant affez amufé de
ce que je venois de voir. M. de la Motte vint au-devant de moi : je le priai de
vouloir bien m'introduire auprès de
quelqu'un des Maîtres. M. Defpréaux,
me dit-il, eft tout feul dans le Salon
commun, donnez-vous la peine d'entrer.

CHAPITRE IV.

Le Salon.

J'ENTRAI en effet dans un Salon, le plus beau qu'on puisse imaginer. Mes yeux enchantés de la magnificence & de la richesse qui y régnoient, se laissoient entraîner à tous momens, au plaisir de les parcourir, & de l'admirer; & tout de suite ils étoient rappellés, par celui bien plus doux, de contempler le grand homme devant qui j'étois. Son air étoit sec & austère, & son sourire malin, mais il avoit une noblesse infinie dans ses plus petits mouvemens. Après quelques complimens mal rangés, qu'apparemment je ne lui débitai pas de meilleure grace, car le respect dont je fus saisi en le voyant m'avoit interdit; il me demanda poliment, par quel hazard je me trouvois-là? Je ne puis vous l'apprendre, lui dis-je, puisque je l'ignore moi-même. Je me suis trouvé, sans sçavoir, ni pourquoi, ni comment, devant la porte de ce Palais, j'en parcours les différens appartemens depuis quel-

ques heures, fans rameau d'or & fans
fybile, & autant que je fuis réjoui
de vous voir, autant j'ai le cœur flétri
de ce que j'ai vû au Veſtibule. Y avez-
vous trouvé quelqu'un de votre connoiſſance, me dit-il ? Les étiquettes
m'ont fait faire la découverte de plu-
ſieurs. Quelle différence, ô Dieux ! de
leur état préſent, à ces mines diſcrettes
& ce maintien jaloux qui vous les fai-
foit reconnoître Poëtes * là-haut ! Ils
ſe cachoient de honte, & je n'en avois
pas moins de la leur cauſer. Ils vous au-
ront prié, fans doute, de rendre public
leur fort, mais je fuis bien fûr que leur
état n'effrayera perſonne : J'eus beau
couvrir d'opprobre & de ridicule les
Auteurs de mon tems, je ne pûs en con-
tenir aucun. La race des Pelletiers &
des Cottins ne s'éteindra jamais, elle
nous donnera au contraire une poſtérité
plus vicieuſe. Ce que vous dites là, re-
pris-je, m'ôte beaucoup de regrets ;
je m'imaginois que s'il exiſtoit un homme comme vous, dont les talens & le
goût fuſſent reconnus, & qui fut juſ-

* Qu'à ſa mine diſcrete & ſon maintien jaloux, je reconnus Poëte Satirique.

te , vrai , & inexorable dans fa critique ;
ce feroit un frein qui réprimeroit la fu-
reur qu'on a d'écrire , & je faifois au
Ciel les veux les plus ardens , pour qu'il
nous l'accordât ; mais ce que vous nous
racontez du peu de fuccès que vous
avez eu , me perfuade que vous en au-
riez bien moins à préfent , que le mal
n'a fait que s'accroître , & que tant de
gens font fiflés , que ce n'eft plus une
honte de l'être.

Mais quoi , dit-il , les belles-lettres
font-elles dans une anarchie fi générale ,
que perfonne n'y donne le ton ? N'y
a-t-il point d'Ecrivain habile & zélé
qui veuille fe charger d'éclairer le public , & de le diriger vers le bon & le
beau ? Ah ! lui répondis-je vivement ,
c'eft l'efpèce la plus commune , & qui-
conque voudroit lire toutes les décifions de leur Parnaffe , n'auroit pas d'autre lecture à faire. On doit cette juftice
à quelques-uns ; qu'ils auroient les talens néceffaires pour bien juger , s'ils
avoient la fageffe de fe renfermer dans
leur reffort ; mais ils ont la frenéfie de
vouloir l'étendre fur toute forte de matière ; imaginés les décifions qui doivent
émaner de Tribunaux auffi incompétens ;

B

Il est d'ailleurs impossible que tant de
Juges différens ne rendent des Arrêts
qui se contredisent, l'un exalte ce que
l'autre avilit. Les cabales, les intri-
gues, la politique & l'intérêt, inspirent
trop souvent ces Oracles de la Littérature, & ces Aristarques se comportent
trop en Zoiles. Les Auteurs trouvant
ainsi à se consoler des mépris des uns
par les louanges des autres, continuent
sur le même ton, & le public se trouve
par conséquent bien moins instruit &
éclairé, que s'il restoit abandonné à ses
propres lumières.

Ce que vous me racontez-là, me
dit il, est étonnant, car s'il paroît tant
d'ouvrages périodiques ; à quelle pro-
digieuse quantité ne doit pas monter
ceux qui en fournissent la matière ? Il
n'est pas possible, lui dis-je, que vous
puissiez imaginer les excès où l'on en est
venu. Les feuilles à la fin d'Octobre ne
tombent pas si épaisses, que les brochu-
res nouvelles, où, pour vous parler plus
poëtiquement encore, comparez chaque Libraire à un Dieu fleuve, dont
la boutique est l'urne intarissable, d'où
coulent sans cesse de grands flots, de
contes, d'histoires, d'anecdotes, de

nouvelles, de mémoires, d'avantures, de voyages & autres fadeurs fous toute efpèces de titres ridicules qui inondent le public.

Il faut donc, reprit-il, ou que la France, foit toute peuplée d'Auteurs, ou qu'ils foient auffi fertiles que des *Scuderis.* * Nous avons, lui répondis-je, l'un & l'autre avantage. On publie chaque année l'inventaire de nos richeffes littéraires, ** il ne feroit pourtant pas facile de les calculer ; car quoiqu'il ne contienne que les noms des écrivains vivans, & les titres de leurs ouvrages, il forme déja un volume fort épais, que nous avons la gloire de voir groffir tous les ans & qui parviendra bientôt à l'*in-folio.* Cela n'eft pas fi furprenant qu'il vous le paroît : avant de mettre au jour un ouvrage, on lifoit autrefois les anciens, on étudioit la nature, on médi-toit long-tems fon fujet pour s'en rendre maître ; aujourd'hui l'on a fuppri-mé toutes ces longueurs : les Diction-

---

* Bienheureux Scuderi dont la fertile plume, Peut tous les mois fans peine enfanter un volume.

** La France Littéraire.

naires , & fur quelle matière n'en a-t-on
pas fait , épargnent toutes ces peines
& font les fources uniques & abondan-
tes où l'on puife : c'eft fur la brochure
en faveur qu'on dirige fon plan , celles
du mois ou de l'an fourniffent le rem-
pliffage , enforte qu'il eft prefque auffi
aifé d'en faire une que de l'acheter
quand elle eft imprimée.

Vous me jettez à préfent , me dit-il ,
dans un autre embarras ; comment , ex-
cepté pour habiller le fucre & la canelle , * peut-on trouver à vendre tant de
mauvais écrits ? On n'eft pas du bel
air , lui répondis-je , fi on n'a lû la nou-
veauté du jour , le bel efprit eft à la
mode , & vous connoiffez l'empire de
la mode fur nous ; elle fait tout acheter,
on n'imprime que des frivolités, & à force d'en lire , on en prend le goût au
point , qu'il ne peut être affecté que
par elles.

Sçavez-vous , continuai-je , qu'on a
trouvé le moyen de rendre les Contes
de la Fontaine chaftes ? Ah ! qu'elle eft
la main habile , dit-il , qui a pû jetter

---

* Habiller chez Francœur, le fucre & la
canelle.

un voile sur ces nudités ? La chose vous
paroîtra d'autant plus surprenante , que
plusieurs y ont travaillé ; mais , lui-dis-
je , nous l'entendons dans deux sens
bien différens , je veux dire qu'on a fait
des romans & des contes si détestables ,
& en si grand nombre , que les contes
sont innocens en comparaison , & par
la familiarité qu'ils ont fait contracter
avec les obscénités. Ceux de la Fontaine ne disent le fait qu'en gros , les autres le détaillent dans ses moindres cir-
constances , & en font des peintures si
vives , qu'il n'est point de cœur qui
puisse se sauver des impressions qu'elles
font. Ces corrupteurs des mœurs , reprit-il d'un ton échauffé , sont pires
que des *Locustes* , des *Brinvilliers* & des
Voisins. Il y en a sur-tout quelques-uns ,
ajoûtai-je , qui sont d'autant plus cou-
pables , qu'ils y ont prodigué tout l'esprit possible.

Ce récit l'avoit aigri , je m'en apperçus & je m'arrêtai. Quand il vit que je
gardois le silence , il m'interrogea ainsi :
la scène françoise est elle toujours en
proie aux Pradons ? Nous devons cette
gloire à nos Auteurs vivans , lui dis je ,
que le théâtre a fait sous eux des pro-

grès confidérables. On ne travaille plus
à préfent dans le goût de votre tems ;
ce genre a vieilli & a paffé. Quoi , dit-
il tout en feu , la manière dont Moliere ,
Corneille & Racine ont traité la comédie & la tragédie , qu'ils avoient prefque porté à leur perfection, n'eft plus de
mode ? Je fuis bien impatient de fçavoir
quel eft le genre nouveau qu'ils ont fub-
ftitué à l'ancien ?

La tragédie nouvelle brille en pom-
peufes déclamations & en fréquentes
fentences ; on n'y voit point , comme
dans l'ancienne , les héros pleins de feu ;
& de la paffion qui les agite , en pour-
fuivre l'objet avec force & fans relâche
jufqu'à la fin , ils font au contraire d'un
froid & d'une tranquillité admirable.
Au lieu d'action , ils étalent la méta-
phyfique la plus fubtile , & font la dif-
fection la plus fine des fentimens dont
ils fe difent animés. Ces fentimens au
refte ne font ni tels qu'ils devroient les
avoir , ni tels qu'ils les ont eus , en quoi
la fupériorité de génie de nos tragiques
eft manifefte , car au lieu de piller dans
la nature ou dans l'hiftoire , ils pren-
nent dans leur efprit & leur imagination.
Il y a communément une ou plufieurs

reconnoiſſances ; ce qui fait ; on ne ſcau-
roit en diſconvenir , des coups de théâtre des plus frappans & des plus tou-
chans. L'on voit du commencement du
premier acte, le dénouement qui doit
arriver au cinquième , malgré les obſta-
cles qu'on accumule dans les autres pour
pouvoir les remplir. C'eſt-là une très-
grande découverte qu'on a faite , au
moyen de laquelle on délivre les ſpecta-
teurs de cette agitation & de cette in-
quiétude qui les tenoit dans les allarmes
& la peine juſqu'à la fin. On leur a
ſauvé auſſi cette émotion tendre ou
terrible que font éprouver les piéces de
Racine & de Corneille. On eſt d'une
tranquillité merveilleuſe pendant tout
le ſpectacle , & l'on aſſiſte le plus pai-
ſiblement du monde au mariage des
parties , qui s'enſuit d'ordinaire fort
heureuſement. On ſort un peu ennuyé ;
mais fort content , & on n'emporte
point avec ſoi cette triſteſſe & cette
crainte dont on ſe laiſſe pénétrer aux
piéces anciennes & dont on a péine à ſe
laiſſer diſtraire long-tems après.

Le ſervice que ces Auteurs rendent
à la nation eſt eſſentiel. Ils ont craint
que ſi on continuoit à faire des piéces

qui excitaſſent des ſentimens auſſi triſtes
que la terreur & la pitié ; nous ne de-
vinſions auſſi ſombres & auſſi mélanco-
liques que des Anglois , vû le goût dé-
cidé que l'on a pour le théâtre , & que
la gayeté nationale ne s'éteignit totale-
ment , & ils ont bien pourvû à ce mal-
heur. D'un autre côté , le François
étant porté à rire comme il l'eſt , il
étoit également dangereux que ſi la
comédie produiſoit cet effet , nous ne
devinſſions trop légers & trop badins ;
on l'a corrigée & on l'a rendue toute
ſérieuſe. Vous voilà en état d'admirer
à préſent le ſage tempérament qu'ils ont
trouvé en faiſant des tragédies , où au
lieu de verſer des larmes , on rit quelquefois ; & des comédies , où au lieu de
rire , on larmoye. C'eſt ainſi que dans
le ſiècle philoſophe où nous vivons , on
fait uſage de ce grand principe : *Que le
dramatique doit purger les paſſions & corriger les mœurs.*

On ne ſçauroit nier que nos plaiſirs
n'ayent gagné à cette réforme & qu'ils
ne ſoient devenus plus décens. Etoit-il
bienſéant en effet , Monſieur , d'aller
devant le monde , pleurer à chaudes
larmes ou rire à gorge déployée ? Cela
n'eſt pardonnable qu'au peuple. On

fait tout ce qu'on peut pour corriger les honnêtes gens, mais on n'en a pas encore trouvé le moyen, ils ont un penchant étonnant pour les pièces de votre tems, & quoiqu'ils les ayent vûes un million de fois, elles ne manquent jamais de produire fur eux le même effet, mais on les en déshabitue fi bien, qu'il faut efpérer qu'on les fera changer.

Quelle différence, Monfieur, entre cet ancien bas comique de Moliere, & le haut comique d'aujourd'hui ? On ne peut affifter à l'un fans rire, au point qu'on en a honte foi-même ; l'autre au contraire, noble & grave, fait, à la vérité, bailler quelquefois, mais eft rempli de moralités & d'inftructions. Dans l'un on voit un avare, un myfantrope, foutenir tout uniment leur même caractère jufqu'à la fin par leurs actions ; l'autre s'eft affranchi de cet efclavage : on ne fait plus l'intrigue pour le caractère, afin qu'en agiffant, il fe développe & fe faffe connoître ; c'eft le caractère qui eft deftiné fur l'intrigue & qui fe plie à tous fes befoins. Auffi au lieu de cette uniformité ancienne, cela produit une variété qui vous étonneroit. Dans l'un le ftyle eft fimple & naturel ; l'autre eft fur le ton le plus

élevé & le plus précieux , & tout jufqu'à la plaifanterie y eft d'un férieux &
d'une dignité admirable.

J'allois continuer, mais il m'interrom-
pit brufquement : votre récit m'échauffe
la bile au point que je n'y puis plus
tenir. Suivez moi ; me dit-il , allons
joindre Corneille , Racine & Moliere,
qui fe promenent dans les jardins , vous
leur ferez tout ce beau détail ; au re-
tour vous vifiterez nos appartemens. Il
y en a non-feulement pour les morts ;
vous verrez encore ceux qui font defti-
nés aux Auteurs vivans. Les beautés
qu'ils mettent dans leurs écrits fe con-
vertiffent, à mefure qu'ils les mettent au
jour , en autant d'ornemens qui les em-
belliffent. Il y en a pour Voltaire , pour
Crebillon , Greffet , le Franc , &c. Et
par ce que je vous dis vous pouvez juger de leur magnificence ; mais les im-
perfections y paffent également , & les
terniffent & les dégradent. Vous vous
appercevrez que le mien fe reffent de
l'équivoque & de plufieurs de mes faty-
res. Qu'ils ne fuccombent donc pas à
la foibleffe de donner de ces éditions fi
complettes, où avec les chefs-d'œuvres
de leurs veilles , on trouve les rêves de
leur fommeil.

Nous marchions à grands pas tandis
qu'il me parloit ainsi , & nous traver-
sions les lieux du monde les plus beaux.
J'étois enchanté & ravi ; je n'en entre-
prendrai pas la description ; ce que Virgile a dit des Elisées , Milton du Jardin
d'Eden , pourroit à peine en donner une
idée. C'est ici , me dit mon Con-
ducteur , un parc immense , autour duquel sont rangés les palais des Auteurs
des différentes Nations. Il est commun
à toutes , & chacune y a ses jardins par-
ticuliers. Voyez-vous , me dit-il , sur
votre droite ces bois si mal élagués & si
touffus , où il y a tant d'arbres si verds
& dont la tête s'élève si haut ; & où il
y en a tant d'autres si pâles & dont les
rameaux pendent si près de terre. Voyez-
vous ces allées si magnifiques , & si irré-
gulières , ces jets d'eau si abondans & si
élevés , & ces eaux si plattes & si basses :
c'est le quartier des Anglois. Tournez-
vous sur votre gauche , remarquez ces
palissades si charmantes , ces bosquets si
rians , ces parterres si ornés où les fleurs
recherchées sont en si grande profusion :
c'est celui des Italiens. Mais voici devant
nous ceux que nous cherchons , ils sont
en bonne compagnie , Homere , Sopho-

cle , Euripide , Virgile & Horace font
avec eux. A ces mots le cœur me bat-
tit vivement , nous les joignimes dans
un inftant & je leur fis la révérence la
plus refpectueufe : j'étois tout ftupéfait
du plaifir de les voir , & tandis que mon
Guide leur répétoit avec l'ironie la plus
amère , ce que je venois de lui dire , je
m'occupois à le contempler. Je ne pou-
vois , fur-tout , me laffer d'admirer Homere & Virgile , ces Patriarches de la
belle Littérature , au lieu de cette fig.i-
re antique & de médaille que je leur
fuppofois , la jeuneffe la plus fraîche &
la plus vigoureufe , les graces les plus
aimables , l'air le plus noble & le plus
majeftueux brilloient dans toute leur
perfonne ; je me fentois pour eux le ref-
pect & l'amour les plus vifs. Je me prépa-
rois à goûter le charme délicieux d'une
converfation avec de tels hommes , lorf-
qu'à force de faignées & d'émétique ,
mon ame fut rappellée à la vie , *ou plutôt
aux douleurs* , par le fil délié qui l'y re-
tenoit encore. A peine ai-je été rétabli
que je me fuis empreffé de donner la Re-
lation de mon voyage , & de m'acquit-
ter des différentes commiffions qu'on
m'a données.

F I N.